Einsterns Schwester 1/2

Schreiblehrgang

Schulausgangsschrift

von

Heidemarie Löbler

Illustriert von

Sharmila Banerjee

Yo Rühmer

Cornelsen

Einsterns Schwester 1/2

Schreiblehrgang

Schulausgangsschrift

von Heidemarie Löbler

Redaktion: Martina Schramm
Illustration: Sharmila Banerjee, Yo Rühmer
Technische Umsetzung: Jutta Stindtmann
Umschlaggestaltung: corngreen, Leipzig
Umschlagillustration: Yo Rühmer

Inhalt

www.cornelsen.de

1. Auflage, 6. Druck 2019

Druck und Bindung: Livonia Print, Riga

ISBN 978-3-06-083259-0

PEFC
PEFC/12-31-006

PEFC zertifiziert
Dieses Produkt stammt aus nachhaltig bewirtschafteten Wäldern und kontrollierten Quellen.

www.pefc.de

Hinweise zum Einsatz

1. Grundsätzliches zum Schreiblehrgang

Beim Erlernen der Druckschrift als Erstschrift, also bei der Bearbeitung des Druckschriftlehrgangs, haben die Kinder bereits wesentliche Voraussetzungen erworben, um mit dem vorliegenden Schreiblehrgang zügig und problemlos die verbundene Schrift zu erlernen.
Die Schulausgangsschrift ist als verbundene Schrift besonders geeignet, da sie *eine gute Schräglage* aufweist, *bewegungsökonomisch* ist und *von einer straffen Bewegungsführung* gekennzeichnet ist. Die Buchstaben haben eine klare Binnenstruktur. Die Großbuchstaben sind der Druckschrift angenähert.
Während sich die Druckschrift durch ihr formorientiertes, zusammensetzendes und gegliedertes Wesen auszeichnet, geht es bei der Schreibschrift um bewegungsorientiertes, zügig-verbindendes Schreiben. Daher sind ergänzend zur Bearbeitung des Schreiblehrgangs Übungen zur Schulung der Feinmotorik und zur Kräftigung der Fingermuskulatur erforderlich.
Der Schreiblehrgang berücksichtigt in hohem Maße den *Grundwortschatz* sowohl in den Schreibzeilen als auch in den blau unterlegten Kästen („wichtige Wörter"). Ferner gibt es auf der letzten Innenseite eine Liste mit Häufigkeitswörtern sowie wichtigen Verben.

2. Methodische Hinweise zum Schreiblehrgang

Das Schreiben der Schulausgangsschrift bedarf systematischer und gründlicher Übung. Neben den verschiedenen Grundbewegungen sind besonders der *Drehrichtungswechsel* und die *Deckstriche* bei einigen Buchstaben zu beachten.

Drehrichtungswechsel kommen nicht nur innerhalb der fortlaufenden Schreibbewegung vor. Es gibt auch Drehrichtungswechsel im Anschluss an einen Haltepunkt ①. Sie sind dann zugleich verbunden mit einem Deckstrich ②. Ein Deckstrich ist eine deckungsgleiche Linie in entgegengesetzter Schreibrichtung.

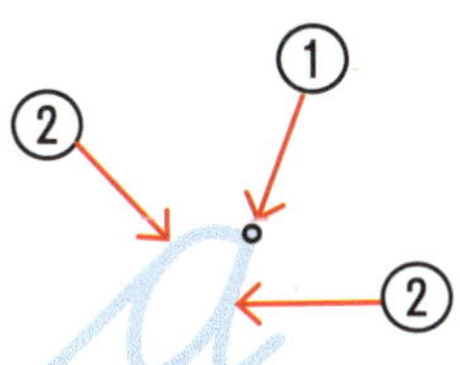

① Haltepunkt
② Deckstrich

Die Deckstriche (z.B.: *a, d, p, qu, r, ß*) erfordern besondere Beachtung, da sie exakt deckungsgleich geschrieben werden müssen.

Im Allgemeinen richtet sich der Schreiblehrgang nach folgenden Prinzipien:

- Der Schreiblehrgang übt die vom Schreibablauf einander ähnlichen Buchstaben weitgehend im Zusammenhang.
- Wo es erforderlich ist, gibt es eine vorbereitende *feinmotorische Grundübung*.
- Die neuen Buchstaben in den gelb umrandeten Feldern werden zuerst mehrmals *farbig nachgespurt*. Dann schreiben die Kinder den Buchstaben in unterschiedlichen Größen in das Feld.
- Rote Startpunkte helfen, den Buchstaben an der richtigen Stelle zu beginnen. Der Schreibablauf ist nummeriert. *Haltepunkte bzw. Drehrichtungswechsel* sind durch Kreise markiert.
- Die hellblauen Buchstaben und Wörter werden *nachgespurt* (farbig oder mit Bleistift).
- Alle neu eingeführten Buchstaben sind in Druckschrift oben auf der Seite vorgegeben.
- Arbeitsaufträge – sofern nötig – werden von der Begleitfigur Lola formuliert.

Da die lautliche und silbische Durchgliederung von Wörtern im Anfangsunterricht eine wichtige Rolle spielt, wurden vor allem zu Beginn Silbenbögen eingesetzt, die die Kinder auch für ihre eigenen Schreibergebnisse übernehmen können.

Viele Aufgaben im Schreiblehrgang bieten *Differenzierungsmöglichkeiten* (nicht jedes Kind sollte alle Wörter bzw. Sätze oder Texte abschreiben müssen). Sie eignen sich auch zur Wiederholung eingeführter Wörter, zum Aufbau eines Grundwortschatzes sowie als Ausgangspunkt für das freie Schreiben.
Das *Abschreiben von Texten* kann mithilfe der in den Schreiblehrgang integrierten Themenseiten (z. B. Seite 49) sowie der Seite 56 besonders geübt werden. Auch hier finden sich Texte zu bestimmten Themen, die innerhalb der Buchstabenprogression zu einem bestimmten Zeitpunkt abgeschrieben werden können. An den entsprechenden Stellen gibt eine kleine Verweishand den Hinweis auf die Seite.

3. Arbeitssymbole

Folgende Arbeitssymbole werden im Schreiblehrgang verwendet:

 schreiben,

 verbinden,

 einkreisen,

 in ein Heft schreiben,

 besprechen mit einem Partner,

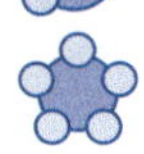 besprechen in der Gruppe,

 Differenzierungsmöglichkeit,

 Verweis auf die Seite 58 im Anhang, die Übungstexte zum Abschreiben enthält,

 zur Selbsteinschätzung der Arbeit das passende Smiley anmalen.

Vorübung

Lola
Uli
Tim
Lisa
Uli
Lisa
Lola
Tim
... und jetzt alles in Schreibschrift!
Meral
Tobias
Lea
Ali
Lea
Ali
Meral
Tobias

l

Lola

Ball

lila

Lolli

Salat

Füller

los

los

toll

toll

f

Tafel

Tafel Tafel

Affe

Affe Affe

Ofen

Ofen Ofen

Schiff

Schiff

fein

fein

fein fein

Koffer

Koffer

fünf

5

fünf fünf

fünf Kinder

Alle lernen fein.

T

T

P

P

T P

Tim

Tim Tim Tim

Pulli

Pulli Pulli

Tal

Tal Tal Tal

Papa

Papa Papa

S

S

Saft

Saft Saft Saft

Sonne

Sonne Sonne

T P S

el

Esel

Esel Esel

Tafel

Tafel Tafel

11

elf

Apfel

Apfel Apfel

ee

Tee

Tee

See

See

Klee Klee Klee Klee Klee Klee Klee

F

F

Fe

Feder

Fee

Fee

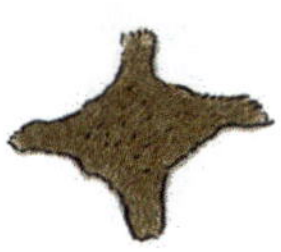

Fell

Fell

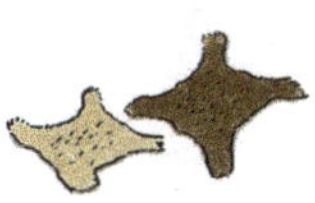

Felle

Felle

i

i

Tim

Tim Tim

u

u

Pulli

ei

ei

Seil

Pfeil

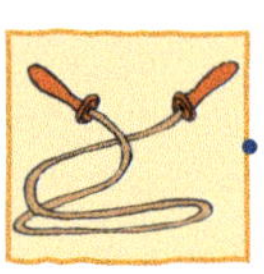

Seife

eu

eu

neu

neu

neu neu neu

Feuer

Feuer Feuer

Beule

Beule Beule

E

Ei

Eile

Eu

Eule

Efeu

Elfe

Tee, Fee, Fell, Pulli, Pfeil, Seil,
elf, Ei, Eile, Eule, Elfe, Efeu

n

n

in

neun

9 neun

neun

m

m

im

mein

mein

mein

ein ein

eine eine

eine Eule ~~ein Ei~~ ein Seil eine Seife

ein Ei

nein nein

nein nein

fein fein

fein fein

um um

um um

nun nun

nun nun

Ei, Seife, fein, nein,
neu, neun, nun, um

O o

Omi Omi

Ofen Ofen

offen offen

Sonne Sonne

Telefon Telefon

ein Ofen, eine Sonne, ein Telefon, ein Pulli,
eine Fee, meine Omi, neun Pfeile, ein Fell,
elf Eulen, eine neue Seife

a

d

a a a | d d d

alle alle | da da

au au | du du

auf auf | die die

laufen laufen

und und

finden finden

wichtige Wörter

alle, auf, da, die, du, und, finden, laufen,
malen, Sonne, Telefon, Oma, Ende

D

Di Di

De De

Da Da

Do Do

Dino Dino

Dame Dame

Delfin Delfin

Daumen Daumen

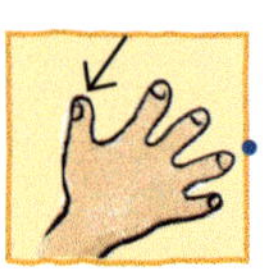

Domino Domino

S

s s s

es es

aus aus

das das

so so

sie sie

sind sind

Eis Eis

Dose Dose

ss ss ss

muss muss

essen essen

Sessel Sessel

wichtige Wörter

alles, als, also, leise, sollen,
Dose, Esel, Pinsel

t

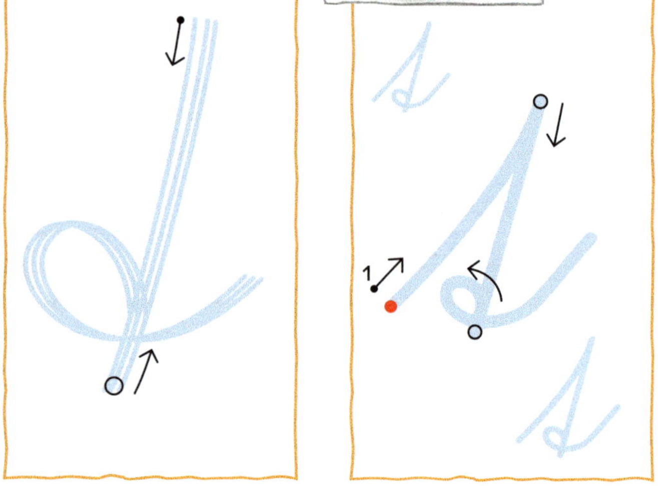

t

te

tun

tun

mit

tt

nett

St

st

Stein

Stunde

still

ist

Die Enten sind am See.
Die Tante ist am Telefon.
Tim isst ein tolles Eis.
Die Tomaten sind alle im Salat.

Seite 56

N

N N N

N N
N N N

Na

Na

Name Name

Nadel Nadel

Das ist die Nase. Die Nadel ist neu.

Das Nest ist unten. Nils ist ein Name.

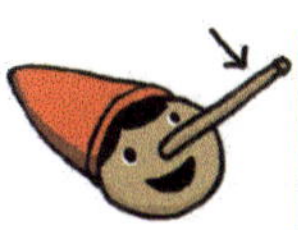

Das ist

Nils

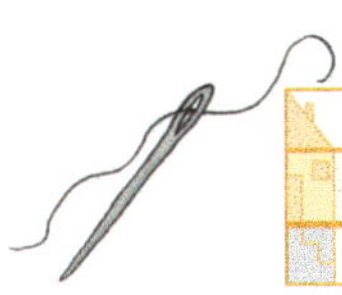

die Note, die Nase, die Nuss,
die Nadel, die Null, die Nudel,
das Nest, die Namen

M

M M M

M M

Ma Ma

Me Me

Mama Mama

Maus Maus

Mama Oma Mia Moni	malt	eine Maus. eine Ente. einen Esel. Mamas Eis.

Mama malt

A

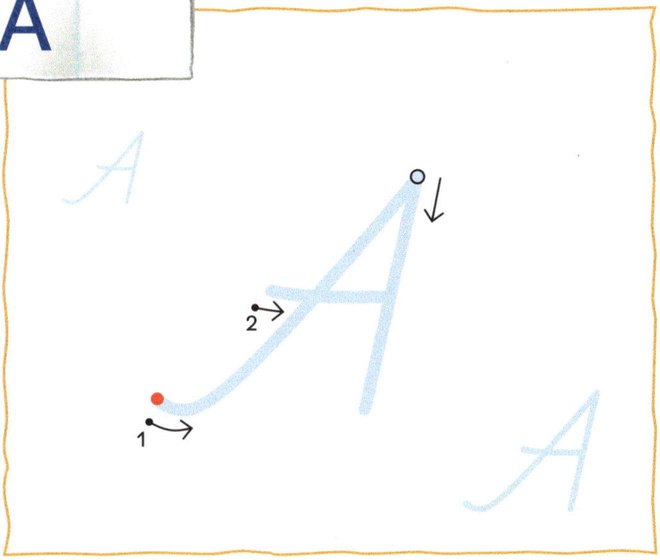

A A A
A A
Au
Au

Auto Auto

Ast Ast

Ameise Ameise

Affe Affe

Kreise 4 Tiernamen ein und schreibe sie auf. Welche Tiernamen kennst du noch? Schreibe mit einem Partner eine Liste im Heft.

Auto
Affe
Ast
Automat
Atlas
Aal
Amsel
Ameise

Affe

Schreibe alle Nomen mit ihrem Artikel auf.

R r

R R R

r r r

R R R

r r r

Rose Rose

rufen rufen

er er

der der

oder oder

lernen lernen

Radio ~~Roller~~ Reise

Rosine Ritter Ruder

Ordne die Wörter ein!

der

Roller

die

das

re re

ro ro

reden reden

reisen reisen

rot rot

rollen rollen

~~rei~~	tur	rol
ru	re	ler

~~sen~~	nen	fen
len	den	nen

Alle reisen.

Alle

Alle

Der Affe turnt an einem Ast.
Die Mutter redet mit der Oma.
Peter ruft seine Tante an.
Mara rollt mit dem Roller.

p

p p p

pp pp

Opa Opa

Papa Papa

Puppe Puppe

Ampel Ampel

Raupe Raupe

Pf Pf

pf pf

Pferd Pferd

Apfel Apfel

Topf Topf

Die Ampel ist rot.

Die A

Die Puppe ist neu.

Sp sp

Sp Sp sp sp

Sport Sport

Spiel Spiel

spielen spielen

sparen sparen

er spielt

sie spart

die Treppe die Mutter die Spinne

das Spiel der Roller der Stern

 die Spinne

Seite 56

I

Imo

Insel

Idee

Indianer Indianer

Indianer reiten oft.

Tim spielt mit Imo.

Mia malt eine Insel.

Im Internet sind Fotos.

H h

H

h

Hose

her

hinter

holen

Hase

Himmel

Haus

~~Hai~~

Hund

Hose

der Hai

der

C c

C C C

c c c

Cent Cent

Computer Computer

cremen cremen

cool cool

Alle lesen am Computer.

Alle

Alle lernen am Computer.

Sind Computer cool?

Ch ch

Ch Ch Ch

Chor Chor

China China

ch ch ch

ich ich

nicht nicht

leicht leicht

machen machen

suchen suchen

rechnen rechnen

sprechen sprechen

machen, suchen, rechnen, sprechen, dich,
doch, durch, hoch, leichter, nach, ich

Sch sch

Sch Sch Sch

sch sch sch

Schule Schule

Schere Schere

Tasche Tasche

schon schon

frisch frisch

~~schla~~ schnei schei den ~~fen~~ nen

Die Schere ist scharf.

Die Sch

Tim schneidet sich.

Ist das schlimm?

L

Lola

Leute

das

die

Lamm

Lampe

Land

Lied

Laterne

Licht

Lasso

Lehrerin

Lippe

Leiter

Schreibe alle L-Wörter mit Artikel auf.

Seite 56

Z z

Z Z Z

z z z

Zeit Zeit

Zahn Zahn

Zahl Zahl

zahlen zahlen

Herz Herz

Salz Salz

Pflanze Pflanze

die Zahl, zahlen, der Zahn,
die Zeit, die Pflanze, das Salz

tz

tz

tz

atz

itz

Satz

sitzen

Alle sitzen am Tisch.

Opa sitzt im Auto.

Lola spricht einen Satz.

Was reimt sich?

Satz spitzen Platz

flitzen

Schatz

sitzen

Schreibe mit einem Partnerkind weitere Reimwörter auf.

U

U u

Uhu

Ufer

Uhr

Die Uhr hat Zahlen.

Am Ufer sitzt Lola
mit einem Computer.

Uranus ist ein Planet.

1. Ein Uhu sitzt auf einem Ast.
2. Tante Ulla hatte einen Unfall.
3. Die Uhr ist neu.
4. Uli macht immer nur Unsinn.

B b

B B B

b b b

Baum Baum

Buch Buch

bunt bunt

baden baden

leben leben

Ich lese in einem Buch.

Im Sommer badet Lola.

wichtige Wörter

der Baum, das Bild, die Birne, die Blume,
das Brot, der Bruder, das Buch

b

bl bl

br br

be be

ben ben

blau blau

braun braun

brauchen brauchen

Rabe Rabe

aber aber

arbeiten arbeiten

er lobt	bleiben	
er lebt	loben	er lobt, loben
sie bleibt	lieben	
er schreibt	leben	
sie liebt	schreiben	

Ä ä

Ä Ä Ä

ä ä ä

Äpfel Äpfel

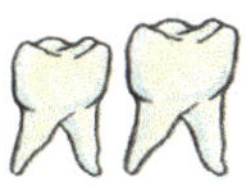

Zähne Zähne

Sätze Sätze

Mädchen Mädchen

zählen zählen

Nils liest ein Märchen.

Nils

Das Mädchen zählt schnell.

Die Äpfel sind rot.

die Zähne – der Zahn, die Hände – die Hand,
die Bälle – der Ball, die Räder – das Rad,
die Dächer – das Dach, die Sätze – der Satz,
die Äpfel – der Apfel, die Äste – der Ast

Seite 56

Äu Äu Äu

äu äu äu

Mäuse Mäuse

Bäume Bäume

Häuser Häuser

träumen träumen

läuten läuten

träumen aufräumen läuten

~~Bäuerin~~ er läuft Räuber

Bauer	Bäuerin	laut	
Traum		Raum	
laufen		rauben	

Schreibe alle äu-Wörter dieser Seite auf.

Ö ö

Ö Ö Ö

ö ö ö

Öl Öl

öffnen öffnen

schön schön

böse böse

hören hören

Mia öffnet das Fenster.

Mia

Sie hört ein Lied.

Lola pfeift schön.

Das macht sie öfter.

Schreibe die Sätze auf.

Ü ü

Ü Ü Ü

ü ü ü

über über

für für

müssen müssen

Füller Füller

Blüte Blüte

blühen blühen

dür müs blü sen hen fen

Am See blühen Blumen.

Am

Lola und Lisa dürfen
an den Blüten riechen.

Schreibe die Wortpaare auf.

Finde mit einem Partner noch mehr dieser Wortpaare. Kreise -chen immer ein!

~~Hund~~ Schaf Ball
Uhr Hose
Zahn Baum Apfel

Schäfchen Zähnchen ~~Hündchen~~
Äpfelchen Höschen Bäumchen
Ührchen Bällchen

der Hund – das Hündchen

G g

G g

g g

Gabel

Gras

gut

gelb

Tag

Bienen geben gesunden Honig.

Im Garten ist Gras.

Nils geht gern zur Schule.

g ng

liegen → er liegt

er

lie · zei · le · sa · fra

gen

ng ng ng

Ring Ring

eng eng

singen singen

bringen bringen

wichtige Wörter

Gabel, Garten, Gemüse, Gras, Gräser, Aufgabe,
Auge, Regen, Ziege, gelb, grün, gesund,
bringen – sie bringt, fragen – er fragt,
geben – er gibt, gehen – er geht, legen – sie legt,
liegen – sie liegt, sagen – er sagt,
singen – er singt, zeigen – sie zeigt

V v

V

v

V V V

v v v

Vater Vater

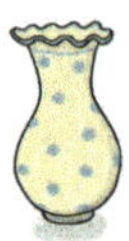

Vase Vase

Vogel Vogel

viel viel

vor vor

ver

~~reisen~~ schreiben schlafen
sprechen geben brauchen

verreisen

W w

W w

W w

Wiese

Weg

wir

weil

Löwe

Schwester

Wir warten auf den Winter.

Wir

wichtige Wörter

Wasser, Weg, Wind, Winter, Woche,
Wolf, Wort, Wurzel, warten, was, weit,
weiter, wer, wo, wollen, wünschen,
antworten, Clown, Löwe, schwarz, Schwester

Seite 56

J j

J J J

j j j

Junge Junge

Jahr Jahr

ja ja

jeder jeder

Der Januar ist ein Monat.

Manche Jungen mögen Judo.

Mögen alle Mädchen Judo?

Mögen

Mag jeder Junge Pizza?

Mag jedes Mädchen Jogurt?

K k

K K K

k k k

Kiste Kiste

Kind Kind

Katze Katze

Klasse Klasse

klein klein

können können

krank krank

trinken trinken

denken denken

ck

ck ck ck

dick dick

Sack Sack

Jacke Jacke

Zucker Zucker

backen backen

Heute ist kein schönes Wetter.
Am Himmel ziehen Wolken.
Es ist dunkel und kalt.
Die Kinder tragen Jacken.

Heute

Lolas Einladung

Liebe Freunde,
ich lade euch zu einem lustigen
Fest ein. Es ist am Freitag.
Wir wollen singen, malen und
spielen. Kommt ihr?
Lola

ß

ß

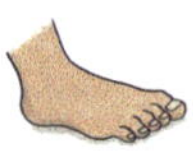

Fuß

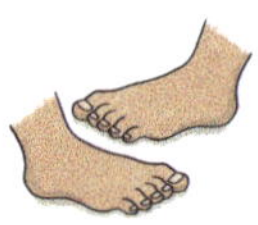

Füße

groß

größer

heiß

Schokolade ist

Zum Fleisch gibt es

Der Schnee ist

Wer viel arbeitet, ist

Autos fahren auf der

fleißig.

süß.

Soße.

Straße.

weiß.

ß

ßen ßen ßt ßt

heißen heißen

er heißt er heißt

gießen	gießt
beißen	beißt
~~schießen~~	schießt
reißen	reißt

schießen → er

→ er

→

→

Schreibe vier lustige Sätze.

Eltern	beißen	fleißige Kinder.
Hunde	grüßen	große Füße.
Verliebte	lieben	heiße Würstchen.
Schüler	genießen	weiße Rosen.

Qu qu

Qu Qu

qu qu

Qu Qu

qu qu

Quadrat Quadrat

quer quer

bequem bequem

~~qua~~ qual quiet quie

ken ~~ken~~ men schen

quaken

Im Meer schwimmen Quallen.

Im

Kinder machen Quatsch.

Y y

Y *Y* *Y*

y *y* *y*

Baby *Baby*

Pyramiden	*ist eine Stadt.*
Syrakus	*ist ein Hut.*
Hyazinthen	*sind hoch.*
Ein Zylinder	*ist eine Pflanze.*
Thymian	*sind Blumen.*

Pyramiden

X x

X x

Xylofon Xylofon

Hexe Hexe

Text Text

mixen mixen

Hexen		mixen.
Boxer	können	boxen.
Mixer		hexen.

Schreibe drei Sätze!

Seite 56

Lolas Gedicht

Ich kann gut schreiben, fix und richtig,
denn alle Wörter sind sehr wichtig.
Das Heft ist ja auch schon fast voll,
geschrieben habe ich ganz toll.
Ich schaffe jeden Text – na klar!
Schreiben ist ganz wunderbar!

Ich kann

Kleine Abschreibtexte zum differenzierten Einsatz

Nach t (Seite 18)

Tante Pia ist da!

Die Tante Pia ist nett.
Sie malt mit Tim und Paula.

☆ Dann essen alle Salat
mit Tomaten. Fein!

Nach Sp/sp (Seite 25)

Die Sportstunde

Sport ist immer super. Nino
rennt als Erster los. Dann
startet Mia. Paul turnt am Seil.

☆ Anna rollt den Reifen.
Am Ende spielen alle.

Nach L (Seite 31)

In der Schule

Alle lernen und passen auf.
Leon rechnet im Heft. Er sucht
sein Lineal. Ist es in der
Mappe?

☆ Die Lehrerin sucht auch.
Das Lineal ist nicht da.
So ein Pech!

Nach Ä/ä (Seite 37)

Märchen

Anna liest oft Märchen. Am
liebsten hat sie „Die Sterntaler".
Ein armes Mädchen war sehr
lieb. Es half allen, bis es nichts
mehr hatte.

☆ Da fielen Sterne als Taler
auf das Mädchen herunter.

Nach W/w (Seite 45)

Eine Unsinn-Geschichte

Ein Igel und eine Schlange
essen ohne Gabel Gemüse im
Garten. Von den Pflanzen tropft
noch Wasser. Das ist gesund!

☆ Dann liegen sie gemütlich
im Gras und warten auf
die Sonne.

Nach X/x (Seite 54)

Die kleine Hexe

Es war einmal eine Hexe.
Sie träumte von einem neuen
Hexenhaus und einem schnellen
Hexenbesen. Doch verflixt!
Wo war das Zauberbuch bloß?

☆ Sie konnte es nicht mehr
finden. Der Rabe Xaver
lachte darüber.